W0409875

Leonardo DiCaprio

arsEdition

Leonardo DiCaprio

Catherine Murphy

arsEdition

Nach den Regeln der neuen Rechtschreibung

© dieser Ausgabe: 1998 arsEdition, München
Aus dem Amerikanischen von
Catherine und Oliver Grieshammer
Redaktion: Annette Kurka
Originalausgabe: © 1998 by Armand Eisen,
Andrews & McMeel, Kansas City, Missouri (USA)
Gestaltung / Umschlaggestaltung:
Ann Obringer, Beth Tondreau Design / New York
Printed in Hong Kong
ISBN 3-7607-8571-9

INHALT

Einführung: Ein unfreiwilliger Star 7

Ganz oben und mit beiden Beinen
auf dem Boden 15

Auf der Suche nach etwas anderem 27

Erfolg im Filmgeschäft 37

Moderner Romeo 47

Eine titanische Leistung 53

Blick in die Zukunft 63

Die Filme 77

Einführung:

Ein unfreiwilliger Star

Ich liebe die Schauspielerei«, sagt Leonardo DiCaprio, welches Glück für ihn – und seine Zuschauer. Schon vor seinem großen Auftritt in dem Meisterwerk *Titanic* machten ihn sein blonder Strubbelkopf und seine intensiven blauen Augen bekannt.

Leo feiert riesige Erfolge und das, obwohl er nie ein Star werden wollte. »Es interessiert mich nicht, ob ich ein Star bin«, sagt Leonardo.

»Ich möchte nur Schauspieler sein.«

Nach Ansicht der Menschen, die mit ihm zusammen gearbeitet haben, hat er ein außergewöhnliches Talent.

Der für die Besetzung von *Titanic* Zuständige, David Rubin, beschreibt Leonardo so: »Er hat eine angeborene Gabe, sich völlig in einen Charakter hineinzuversetzen, die er, glaube ich, selbst nicht begreift. Er agiert vollkommen instinktiv.« Agnieszka Holland, die Regisseurin des 1995 gedrehten Films *Total Eclipse* sagt: »Er ist einer der überraschendsten jungen Schauspieler.

Ich denke, er ist wie ein Medium, er spielt keinen Charakter, er öffnet seinen Körper und seinen Geist, um Botschaften zu empfangen, die von einer anderen Person in einem anderen Leben kommen.«

Wenn es Leos Wunsch war, ernsthafte Rollen zu spielen, hat er sein Ziel erreicht. Mit Anfang 20 hatte er bereits die unterschiedlichsten Charaktere gemimt. Aber der Leo im

Film ist nicht der wirkliche Leo. »Denkt bloß nicht, dass ich wirklich so bin wie einer der Typen, die ich gespielt habe«, warnt er. »Das bin nicht ich. Deshalb nennt man es ja ›Schauspielen‹.«

Wenn er nicht wie Jack Dawson, Romeo Montague oder der junge Tobias Wolff ist, wie ist er dann, dieser Leonardo DiCaprio?

Ganz oben und mit

beiden Beinen auf dem Boden

Das Allerbeste an der Schauspielerei ist, dass ich mich jedes Mal in einem anderen Charakter verlieren darf und dafür auch noch bezahlt werde ... Was mich selbst betrifft: Ich bin nicht ganz sicher, wer ich bin. Es scheint, als ob ich mich von Tag zu

Tag verändere.« So beschreibt Leo sich selbst.

Seine Freunde haben diese Zweifel nicht. »Er ist der bodenständigste

Mensch, den ich je kennen gelernt habe. Gar nicht hollywoodmäßig«, sagt Mark Wahlberg, Leos Schauspielerkollege in dem 1995 gedrehten Film *Jim Carroll – In den Straßen von New York*. »Draußen ist er vielleicht berühmt«, sagt Leos Freund Jonah Johnson. »Aber zu Hause ist er es nicht mehr. Er ist einfach Leo …«

Jonah gehört zu einer Gruppe von alten Freunden, die Leo so viel bedeuten, dass er ihre Anwesenheit bei den Dreharbeiten in seine Verträge hineinsetzen lässt. Mit seiner »Truppe«

herumzuhängen macht Leo Spaß, festigt die Freundschaften und gibt ihm etwas, das er braucht: das Gefühl, einer von ihnen zu sein. Sein Schwindel erregender Aufstieg zum

Ruhm hat seine Gefühle für die Freunde nicht verändert – und auch nicht ihre Gefühle für ihn.

Die Hauptdarstellerinnen, die mit Leo arbeiten, strahlen, wenn sie ihn beschreiben. »Leo ist absolut erstaunlich«, sagt *Titanic*-Partnerin Kate Winslet.

Claire Danes stimmt ihr zu. »Leo sieht fantastisch aus. Er hat wirklich eine tolle Ausstrahlung, ist sehr aufmerksam und charmant.« Nachdem sie zusammen mit ihm im 1994 gedrehten Film *Schneller als der Tod* aufgetreten war, bemerkte Sharon Stone:

»Seine Begabung ist so ungewöhnlich – wenn ich ihn in einer Sänfte zu den Dreharbeiten hätte tragen müssen, ich hätte es getan, nur um ihn in diesen Film zu

bringen.« Diane Keaton, eine Partnerin in *Marvins Töchter*, beschreibt ihr Gefühl mit kurzen Worten: »Ich war in ihn verliebt.«

Die dunkle Seite vom Hollywood-Leben, die so viele aufstrebende Stars beeinflusst hat, übt auf Leo keinen Reiz aus. »Ich nehme keine Drogen«, sagt er. »Ich habe noch nie Drogen genommen … und falls irgendeiner meiner Freunde etwas mit Drogen

anfangen würden, bekäme er von mir was zu hören.«

Obwohl er nie Schauspielunterricht genommen hatte, gewann Leo Preise und erhielt sehr gute Kritiken. »Die Filme, die ich mache, sind im Grunde genommen meine Schauspielschule«, sagt er. Ein Kameramann schwärmt: »Er sieht in jedem Licht und aus jedem Blickwinkel gut aus. Du kannst ihn unter eine Leuchtstoffröhre stellen und er wird immer noch wirken wie eine Million Dollar.« Aber Leo ist nicht eitel. »Er ist wahrscheinlich der schönste Mann der Welt, und trotzdem denkt er nicht, dass er toll aussieht«, erzählt Kate Winslet.

Auf der Suche

nach etwas anderem

Leonardo Wilhelm DiCaprio wählte seinen Namen vor seiner Geburt am 11. November 1974, als er eines Tages im Bauch seiner Mutter kräftig strampelte, während sie gerade ein Bild Leonardo da Vincis betrachtete. Seine Eltern trennten sich ein Jahr

nach seiner Geburt, dennoch wuchs Leo mit einem guten Verhältnis zu beiden Elternteilen auf. »Und es war nicht so, als hätten sie mir ein falsches Glück vorgegaukelt oder sich überschlagen, um mir die tollsten Sachen zu zeigen«, erzählt er. »Sie waren einfach da und sie waren großartig.«

»Meine Eltern gehören so sehr zu meinem Leben, es ist, als wären sie meine Beine«, sagt Leo, der noch mit seiner Mutter Irmelin zusammenlebte, nachdem er schon die ersten Erfolge hatte. »Meine Mutter ist ein wandelndes Wunder ... Sie macht sich wirklich nichts aus meiner Berühmtheit –

echt nicht ... Sie ist die Einzige, die sich nur dafür interessiert, was ich als Mensch tue und sie sieht meine Schauspielerei lediglich als einen Job an, was sie tatsächlich auch ist.«

Genauso stolz ist Leo auf seinen Vater George. »Mein Vater ist einer der liebsten

Menschen der Welt. Er hat mir beigebracht, dass der einfache Weg im Leben nicht immer der beste ist und dass du ständig nach etwas anderem suchen musst, und das habe ich bei meiner Karriere immer beachtet.«

Im Alter von fünf Jahren bekam Leo seinen ersten Job als Schauspieler – und verlor ihn gleich wieder. »Meinen ersten richtigen Job hatte ich in *Romper Room*. Dort bin ich wieder rausgeflogen, weil ich ständig auf die Kamera zulief. Ich war einfach nicht zu halten ...«

Leonardo hatte Probleme, sich auf die Schule zu konzentrieren, aber Schauspielern war eine andere Geschichte. Als sein Stiefbruder Adam in einem Werbespot auftrat, packte Leo der Ehrgeiz.

Aber Aufträge waren schwer zu bekommen. Ein Agent wollte Leonardos Namen in Lenny Williams ändern. Ein anderer lehnte ihn wegen seiner Frisur ab. »Ich war damals ziemlich desillusioniert«, berichtet Leo.

Aber er gab nicht auf. »Ich hatte immer dieses Gefühl. Das ist die Wahrheit und kein nettes, kleines Märchen. Ich wusste nicht, ob es Schauspielerei oder irgendetwas anderes werden wird, aber ich wusste, ich werde Glück haben. Ich habe nicht mal mit dem Gedanken ans College gespielt, weil ich fest davon überzeugt war, dass es passieren wird.«

ERFOLG

IM FILMGESCHÄFT

Mit 14 Jahren hatte Leo einen kurzen Auftritt in einem Werbefilm für Matchbox-Autos. Der erste Kinofilm, in dem er spielte, war *Critters 3*, 1991 – aber der Streifen floppte. »Das war wahrscheinlich einer der schlechtesten Filme aller

Zeiten«, meint Leonardo.

Doch schon bald danach kamen bessere Angebote. Als obdachloser Jugendlicher in der TV-Serie *Growing Pains* tat sich Leo hervor. »Wir hatten damals das Gefühl, als ob ihn niemand aufhalten könne«, erzählt Alan Thicke, der Star der erfolgreichen Sitcom. »Er hat die ganze Szenerie erleuchtet.«

1992 bekam Leo seine erste große Filmrolle in *This Boy's Life* mit Robert De Niro. Beim Vorsprechen, sagt Leo, »stand ich richtig mächtig vor De Niro und ... schrie einen der Dialoge.« Der große Schauspieler nahm es gelassen auf. »De Niro saß

da, lachte und fragte: ›Wer ist dieser Kleine? Was macht er da?‹«

Auf dem Set studierte Leo De Niros Schauspielerei. Dadurch lernte er viel über seine eigenen Fähigkeiten. »Die Arbeiten an diesem Film haben mir klargemacht, dass es genau das war, was ich richtig gut konnte.«

Im gleichen Jahr spielte Leo den geistig zurückgebliebenen Arnie in *Gilbert Grape – Irgendwo in Iowa*.

Er bereitete sich auf die Rolle vor, indem er Zeit mit behinderten Jugendlichen verbrachte. »Ich wollte wirklich dieses Gefühl eines Vierjährigen erleben, dem die ganze Welt noch offen steht, anstatt diesen deprimierenden behinderten Charakter zu spielen, den du nur bedauerst.« Sein ausgelassener, verletzlicher Arnie war so überzeugend, dass Leo für einen Oscar nominiert wurde.

MODERNER

ROMEO

Nach weiteren Filmen veränderte sich Leos Leben. »Wo auch immer ich hingehe, starrt mich irgendjemand an. Ich weiß nicht, ob die Leute mich anglotzen, weil sie mich erkennen oder weil sie denken, dass ich irgendein seltsamer Vogel bin.«

Heute wundert er sich wahrscheinlich nicht mehr darüber. Die Rolle, die Leo zum Star machte, war der Romeo in Baz Luhrmanns Adaption von *Romeo und Julia*. »Wenn dieser Film nicht eine zeitgenössische Version von Romeo und Julia gewesen wäre, hätte ich ihn nicht gemacht. Ich wollte nicht in Strumpfhosen herumhüpfen.«

Als Romeo brachte Leo auch seine Filmpartnerin Danes aus der Ruhe.

»In der letzten Szene liegt Julia da und ich halte diese große Rede. Ich habe geweint, und ich glaube, das hat Claire sehr bewegt, weil sie auch anfing zu weinen. Dann setzte sie sich auf und sagte: ›Bring mich nicht auch zum Weinen, ich sollte eigentlich im Koma liegen.‹«

Eine titanische Leistung

Der größte Erfolg in Leos junger Karriere stand zunächst unter ungünstigen Vorzeichen. Die erste Begegnung von *Titanic*-Regisseur James Cameron und seinem männlichen Hauptdarsteller war geprägt von gegenseitigem Misstrauen.

»Das Merkwürdige ist, dass ich Leo am Anfang eigentlich gar nicht haben wollte«, sagt Cameron.

Leo war sich auch nicht sicher, ob er Cameron wollte. »Leo hat alles im Drehbuch in Frage gestellt. Am Anfang wollte ich ihn immer wieder fragen: ›He, Mann, warum hast du die Rolle überhaupt angenommen?‹ … Dann kam dieser Moment, als wir uns für ein paar Stunden einfach in meinen Wohnwagen setzten und redeten. Am Schluss fielen wir uns in die Arme und kehrten anschließend zur Arbeit zurück ...«

Der Dreh war nicht einfach. »Es war schwer, sich zu konzentrieren«, sagt Leo. »Nach Beendigung einer Szene war ich plötzlich am hinteren Ende des Achterdecks angebunden, mit Gurten um meine Hüfte. Dann sind da ungefähr zweihundert Statisten mit Bungee-Seilen angekettet und Stuntmen, die darauf warten zu springen. Drei Kräne mit riesigen Scheinwerfern stehen um uns herum. Kate und ich haben uns nur angeschaut, als wollten wir sagen, ›wie sind wir eigentlich hierher gekommen?‹«

Es wurde schlimmer. Leo mag kein Wasser, und *Titanic* wurde zu einem großen Teil in einem gefluteten

Hydraulik-
Tank gefilmt.
»Leo war wie
eine Katze,«
erinnert sich
Cameron. »Er
machte immer
dieses furcht-
bare Drama
darum, nass
zu werden.«

Nach seiner Filmpartnerin Kate Winslet gefragt, sagt Leo: »Sie war für sieben Monate meine beste Freundin. ... Wir waren Partner.« Als Kate einen Anfall von Höhenangst bekam, während beide hoch oben auf dem umgestürzten Schiff waren, beruhigte Leo sie. »Ich habe ihr einfach erzählt, wir seien sicher«, sagt er. »Sie hat mir geglaubt.«

Titanic fährt mit Triumph in die Filmgeschichte ein und es zeigt sich bald, dass dieser Film einer der erfolgreichsten sein wird, die je gedreht wurden. Gefragt nach seinen eigenen Problemen beim Dreh, zitiert Leo: »Schmerz vergeht, der Film bleibt.«

Blick in die Zukunft

Was wird Leo als Nächstes tun, jetzt, nachdem er einen Platz in der Riege der Superstars der Filmgeschichte eingenommen hat? Wahrscheinlich wird er für einige Zeit keinen weiteren Actionfilm drehen, zumindest keinen nassen. In seinem ersten Film nach *Titanic* packte Leo eine völlig andere Herausforderung an, mit einer Doppelrolle als Ludwig XIV. und dessen Zwillingsbruder in *Der Mann in der eisernen Maske*. Danach übernahm er eine Rolle in einem Woody-Allen-Film mit Melanie Griffith, Winona Ryder und Kenneth Branagh.

»Die Welt der Stars mag vielleicht seine Vorstellung im Moment beherr-

ROMEO

Nica's

RESTAURANT
The Stanhope

schen, aber ich glaube nicht, dass er dort angefangen hat, und ich glaube auch nicht, dass er dort aufhören wird«, sagt Cameron. »Leo will tiefer gehen.«

Was ist mit der Liebe? Leo hatte bis jetzt nur eine längere Beziehung: zu dem Model Kristin Zang. Befragt nach zukünftigen Verpflichtungen sagt er: »Ich freue mich darauf, zu heiraten und Kinder zu haben ... Aber dafür ist es im Moment zu früh.« Er ist mit vielen Models und Schauspielerinnen ausgegangen, aber ganz gewöhnliche Mädchen mag er am liebsten. »Weißt du, College-Studen-

tinnen, Kellnerinnen und so weiter. Die meisten Mädchen, mit denen ich ausgehe, sind einfach gute Freundinnen.«

Leos Ideal? »Ich finde intelligente Mädchen toll. Jemand, der Charakter und Stil hat und der verständnisvoll ist.« Obwohl er berühmt wurde durch seine Rolle als Romeo, hat er seine Julia noch nicht gefunden. »Ich glaube an die Liebe auf den ersten

Blick, aber sie ist mir noch nicht begegnet.«

Seine Zukunft sieht Leo kritisch: »Es ist leicht in die Falle zu tappen und jeden Mist, der über dich geschrieben wird, zu glauben. Das versuche ich zu vermeiden. Wer weiß? In ein paar Jahren lande ich vielleicht im Irrenhaus!«

Welche Rollen er auch spielen wird, Leo wird seinen wichtigsten

Kritikern treu bleiben: den Menschen, die ihm nahe stehen. »Es ist wichtig, dass du selbst bestimmst, wo du hingehen willst. Die Hauptsache für mich ist, mein Leben mit meiner Familie und meinen Freunden zu verbringen. Sie behandeln mich wie Leo, nicht wie ›Leonardo, Meister der Schauspielkunst‹. Das ist alles, was ich brauche, um meinen Verstand noch länger zu behalten.«

Die Filme

Critters 3	1991
Poison Ivy – Die tödliche Umarmung	1992
This Boy's Life	1993
Gilbert Grape – Irgendwo in Iowa	1993
The Foot Shooting Party	1994
Schneller als der Tod	1994

Jim Carroll –
In den Straßen von New York 1995

Total Eclipse	1995
Hundert und eine Nacht (Les cent et une nuits)	1995
Marvin's Töchter	1996
William Shakespeare's Romeo und Julia	1996
Titanic	1997
Der Mann in der eisernen Maske	1998

Dieses Buch wurde gesetzt in der
Garamond Book Condensed

Fotografie Vor- und Nachsatz: © Fotos International / Archive Fotos; Seiten 6, 8, 25, 36: © Krieger / Famous; Seiten 9, 18, 23, 35, 76: © Davies / Shooting Star; Seiten 11, 14, 26, 33: © O'Hara / Shooting Star; Seite 16: © Hartmann / Globe; Seite 19: © Prouser / Archive Photos; Seite 20: © Watts / London Features; Seite 21: © Williams / Famous; Seiten 28, 45, 68: © Rose / Globe; Seiten 30, 32: Hammond / Archive; Seite 38: © NBC / Globe; Seiten 40/41: © Elgar / London Features; Seite 42: © Popperfoto / Archive; Seite 46, Buchdecke: Zuffante / Star File; Seite 49: © Prommer / Globe; Seite 50: © Mason / London Features; Seiten 52, 75: © Kahana / Shooting Star; Seiten 54/55: © Mayama / Archive; Seite 59: © Avta / Famous; Seite 60: Mayer / Star File; Seite 62: © Brown / London Features; Seite 65: Fisher / London Features; Seiten 66/67: © Barrett / Globe; Seiten 70/71: Mazur / London Features; Seite 78: © Renault / Globe.